Copyright © 2016 Disney Enterprises, Inc. und Pixar Animation Studios

Adaption: Samantha Crockford
Layout: Amy McHugh und Vanessa Mee
Illustrationen: Disney Storybook Artists

Alle Rechte vorbehalten. Die vollständige oder auszugsweise Speicherung, Vervielfältigung oder Übertragung dieses Werkes, ob elektronisch, mechanisch, durch Fotokopie oder Aufzeichnung, ist ohne vorherige Genehmigung des Rechteinhabers urheberrechtlich untersagt.

Die deutsche Ausgabe erscheint bei
Parragon Books Ltd
Chartist House
15–17 Trim Street
Bath BA1 1HA, UK
www.parragon.com

Realisation der deutschen Ausgabe:
trans texas publishing services GmbH, Köln
Übersetzung: Ronit Jariv, Köln

ISBN 978-1-4748-5242-5

Printed in China

Disney · PIXAR

FINDET DORIE

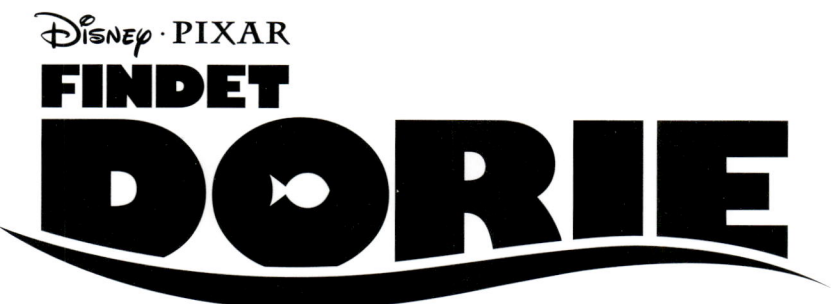

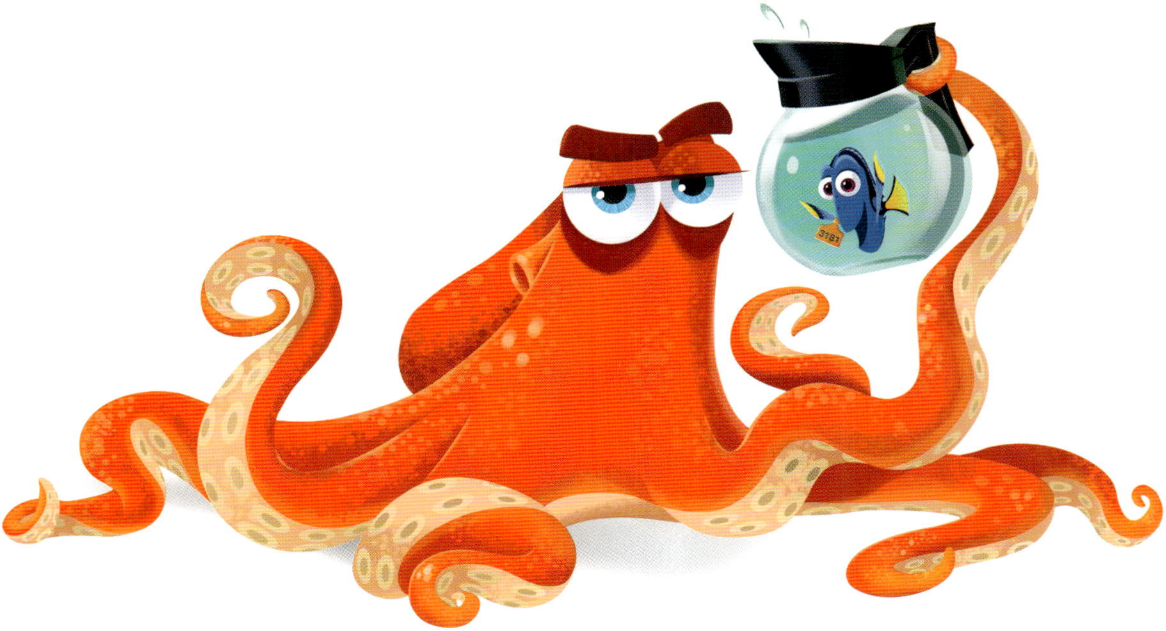

Parragon

Bath • New York • Cologne • Melbourne • Delhi
Hong Kong • Shenzhen • Singapore

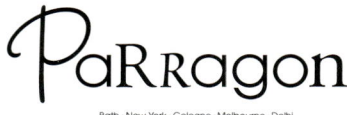

Dorie war ein kleiner blauer Doktorfisch. Sie lebte mit ihren Eltern in einem Korallenriff. Schon von klein auf fiel es Dorie schwer, sich an Dinge zu erinnern.

„Hallo, ich bin Dorie", sagte sie, wenn sie neuen Meeresbewohnern begegnete. „Ich leide unter Gedächtnisverlust."

Dories Eltern taten, was sie konnten, damit Dorie sich nicht verirrte. Doch eines Tages entfernte Dorie sich zu weit von zu Hause und fand nicht mehr zurück.

Dorie schwamm weiter und weiter. Sie fragte jeden Fisch, den sie traf, ob dieser ihre Eltern gesehen hätte. Doch das hatte keiner.

„Hallo, ich habe meine Familie verloren", sagte Dorie stets. „Kannst du mir helfen?"

„Wo hast du sie denn zuletzt gesehen?", fragten die Fische dann.

„Na ja ... äh. Ist 'ne komische Geschichte, aber, äh ... ich hab sie vergessen."

Die Zeit verging, und Dorie wuchs heran. Allmählich vergaß sie ganz, woher sie kam und dass sie sich verirrt hatte.

Eines Tages stieß sie mit einem Clownfisch zusammen, der aufgeregt irgendetwas von seinem Sohn Nemo blubberte.

„Sie haben ihn weggeholt!", jammerte der Clownfisch.

Die gutherzige Dorie half dem Clownfisch, der Marlin hieß, seinen Sohn zu suchen.

Ein Jahr später, lange nachdem Marlin und Dorie Nemo gefunden hatten, lebten die drei Freunde zusammen im Korallenriff in einem schönen und fröhlichen Zuhause. Sie hatten jede Menge Spaß.

Doch eines Tages wurde Dorie beinahe von einem Schwarm Rochen fortgerissen. Dorie fiel in Ohnmacht. Als sie wieder zu sich kam, murmelte sie die Worte: „Juwel der Morro Bay, Kalifornien." Auf einmal wurde ihr klar: Dies war ihr altes Zuhause! Sie konnte sich plötzlich daran erinnern – und auch an ihre Eltern!

Dorie überredete Marlin und Nemo, mit ihr ans andere Ende des Ozeans zu schwimmen, um ihre Eltern zu suchen. Sie reisten auf dem Rücken ihres alten Freundes Crush, einer Meeresschildkröte, nach Morro Bay, wo sie mit der Suche beginnen wollten.

Dort angekommen, hörten sie eine Lautsprecherdurchsage: „Willkommen im Meeresbiologischen Institut. Unser Motto lautet: Retten, Rehabilitieren, Rauslassen."

Dorie schwamm an die Oberfläche. Plötzlich wurde sie von einem Menschen in einem Kescher gefangen und verschwand in einem Boot! Marlin und Nemo konnten nur tatenlos zusehen.

Dorie fand sich mit einem Etikett an der Flosse in einem Aquarium wieder. Plötzlich tauchte vor dem Aquarium ein Tintenfisch auf. Zur Begrüßung reichte er Dorie einen seiner Tentakel.

„Hey, ich bin Hank", sagte der Tintenfisch.

Hank erklärte Dorie, dass sie sich in Quarantäne befand und das Etikett ein Transportzettel sei – es zeigte an, dass man sie in ein Aquarium nach Cleveland schicken würde.

„Cleveland?", stöhnte Dorie. „Ich kann unmöglich nach Cleveland! Ich muss doch zum Juwel der Morro Bay in Kalifornien …"

„Genau dort sind wir ja gerade", sagte Hank. „Im Meeresbiologischen Institut."

Hank bot an, Dorie bei der Suche nach ihren Eltern zu helfen, wenn er dafür ihr Etikett haben konnte. Er mochte nämlich die Gesellschaft anderer Fische nicht und wollte gern allein in einem schönen, sicheren Aquarium in Cleveland leben. Dorie war einverstanden. Also schöpfte Hank Dorie mit einer Kaffeekanne aus dem Aquarium und machte sich auf den Weg.

Hank und Dorie entdeckten eine Karte des Meeresbiologischen Instituts. Plötzlich kam ein Mitarbeiter mit einem Eimer vorbei. Hank versteckte sich, aber Dorie konnte lesen, dass auf dem Eimer das Wort DESTINY geschrieben stand. „Destiny" bedeutet Schicksal, und plötzlich wusste Dorie, dass sie in den Eimer springen musste! Hank folgte ihr so schnell er konnte, als man sie mit dem Eimer wegtrug.

Aus dem Eimer wurde Dorie in ein großes Wasserbecken gekippt, in dem ein riesiger Walhai namens Destiny lebte. Als Dorie und Destiny miteinander ins Gespräch kamen, bemerkte Destiny, dass sie Dorie von früher kannte! Dorie hatte nebenan in der Ozeanwelt-Ausstellung gelebt, und sie hatten sich über die Wasserrohre hinweg unterhalten.

Destiny erklärte Dorie, wie sie durch die Rohre wieder zur Ozeanwelt gelangen konnte, doch Dorie hatte zu viel Angst, sich zu verirren. Dann schoss ihr plötzlich eine Erinnerung durch den Kopf: Ihr Vater hatte ihr früher oft gesagt, dass es niemals nur einen Weg gibt.

Am Rand von Destinys Becken standen einige Kinderwagen. „Davon leihen wir uns einen!", rief Dorie und sprang in den Trinkbecher auf der Ablage eines Wagens. Hank schob sie durch das Institut. Als sie die Ozeanwelt-Ausstellung erreichten, sah Dorie Hank zweifelnd an.

„Sind meine Eltern wirklich da unten?", fragte sie. „Ich hoffe, ich finde sie."

„Wie ich dich kenne, stehen deine Chancen gar nicht so schlecht", sagte Hank und setzte sie sanft ins Wasser.

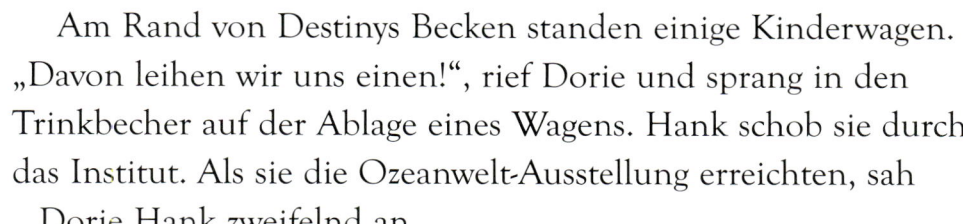

Dorie durchschwamm das klare kühle Wasser des Beckens. Am Boden sah sie eine Spur aus Muscheln und folgte ihr. Plötzlich fiel ihr ein, dass sie dieselbe Spur schon als Kind gesehen hatte. Dies war tatsächlich ihr Zuhause! Dories Eltern hatten die Muschelspur damals gelegt, um Dorie den Weg nach Hause zu zeigen.

Da sah Dorie die Öffnung eines Wasserrohrs. Sie erinnerte sich, dass ihre Eltern sie immer davor gewarnt hatten, in die Nähe des Rohrs zu schwimmen, da sie hineingesogen werden konnte. Doch sie hatte die Warnung vergessen und geriet prompt in den Sog.

„Es ist alles meine Schuld", jammerte Dorie.

Dorie wusste nicht mehr weiter. Dies war ihr Zuhause, aber hier lebten keine blauen Doktorfische! Ein kleiner Krebs erzählte Dorie, dass alle Doktorfische in die Quarantänestation gebracht worden waren und demnächst in das Aquarium in Cleveland transportiert würden.

Der einzige Weg zur Quarantänestation führte durch die Rohre. Ängstlich schwamm Dorie hinein und hatte sich schon bald heillos verirrt. Doch plötzlich tauchten zwei Gestalten aus der Dunkelheit auf: Marlin und Nemo! Die beiden waren heimlich ins Institut und in die Rohre geschwommen, um ihre Freundin zu suchen. Dorie berichtete ihnen, was ihr in der Zwischenzeit passiert war. Dann machten sie sich gemeinsam auf den Weg zur Quarantänestation.

Als sie in der Quarantänestation ankamen, mussten sie leider feststellen, dass das Aquarium mit den Doktorfischen schon auf den Laster nach Cleveland geladen worden war.

Da tauchte Hank auf. Er steckte Dorie, Marlin und Nemo in eine Kaffeekanne und kippte sie dann in das Aquarium auf dem Laster.

Die anderen Doktorfische erkannten Dorie wieder, hatten aber schlechte Nachrichten für sie: Dories Eltern hatten schon vor Jahren das Institut verlassen. Wo sie jetzt waren, wusste niemand!

Dorie war verzweifelt. Langsam schwamm sie zurück in die Kaffeekanne. Hank ergriff die Kanne und kletterte aus dem Laster.

Bald bemerkten Dorie und Hank, dass Marlin und Nemo noch auf dem Laster waren. Und bevor Hank reagieren konnte, wurde er ebenfalls in den Laster gepackt! Die Kaffeekanne fiel zu Boden und zersprang. Dorie rutschte in einen Abfluss und wurde aus dem Institut zurück ins Meer gespült. Und schon wieder war sie ganz allein.

In der Bucht vor dem Institut schwamm Dorie planlos umher. Dann fiel ihr etwas ins Auge: eine Spur aus Muscheln, genau wie die in der Ozeanwelt! Dorie folgte der Spur. Auf einmal tauchten zwei Umrisse aus dem Dunkeln auf. Es waren ihre Eltern! Die ganze Zeit über hatten Dories Eltern Muschelspuren hinterlassen, in der Hoffnung, dass Dorie sie sehen und sich erinnern würde.

„Ihr seid es wirklich!", rief Dorie und brach in Tränen aus.

„Liebling, du hast uns gefunden", sagte Dories Mutter. „Und weißt du, warum? Weil du dich auf deine ganze eigene Dorie-Art erinnert hast."

Dorie war überglücklich, mit ihrer Familie vereint zu sein, aber dann fielen ihr Marlin und Nemo ein. Sie musste unbedingt zurückschwimmen und sie retten!

Mit der Hilfe von Destiny, die über die Mauer der Ozeanwelt gesprungen war, und einigen anderen neuen Freunden gelang es Dorie und ihren Eltern, den Laster mit Marlin, Nemo und Hank einzuholen und auf einer Brücke zu stoppen. Destiny warf Dorie mithilfe ihrer Schwanzflosse nach oben auf die Brücke, und Hank fing sie gerade rechtzeitig auf.

„Du bist zurückgekommen!", rief Nemo.

„Natürlich", sagte Dorie. „Ich konnte meine Freunde doch nicht im Stich lassen."

In diesem Moment knallte der Fahrer die Türen zum Laderaum zu. Dorie und Hank waren im Laster gefangen!

Hank quetschte sich durch den Lüftungsschlitz und breitete sich auf der Windschutzscheibe aus. Der erschrockene Fahrer hielt an und stieg aus. Hank kletterte auf den Fahrersitz, verriegelte die Türen und fuhr los!

„Hank", sagte Dorie, „ich bitte dich jetzt um etwas völlig Verrücktes."

Dories Familie beobachtete vom Meer aus erstaunt, wie Hank den Laster von der Brücke direkt ins Meer steuerte. Die Türen flogen auf, und alle Fische plumpsten ins Wasser. Sie waren frei!

Dorie kehrte mit ihrer Familie sowie ihren alten und neuen Freunden zum Riff zurück. Sie war nun glücklicher als je zuvor.

Doch Marlin machte sich immer noch Sorgen, dass Dorie sich wieder verirren könnte, und folgte ihr oft, wenn sie alleine losschwamm. Eines Tages holte er sie ein. Gemeinsam schauten sie vom Rand des Riffs hinaus ins Blaue.

„Ist das nicht eine tolle Aussicht?", sagte Marlin.

„Total", antwortete Dorie.

„Genau wie diese hier", fügte Marlin hinzu, als er sich umdrehte und bemerkte, dass alle anderen Dorie ebenfalls gefolgt waren.

Dorie sah ihre Familie und Freunde an und lächelte. „Unvergesslich!", sagte sie.